萌趣成语

理智情感卷

绘时光 编著

时代出版传媒股份有限公司
安徽少年儿童出版社

图书在版编目（CIP）数据

萌趣成语. 理智情感卷 / 绘时光编著. — 合肥：安徽少年儿童出版社，2023.7
ISBN 978-7-5707-1790-3

Ⅰ．①萌… Ⅱ．①绘… Ⅲ．①汉语－成语－儿童读物 Ⅳ．①H136.31-49

中国版本图书馆CIP数据核字（2023）第034604号

MENGQU CHENGYU LIZHI QINGGAN JUAN

萌趣成语·理智情感卷　　　　　　　　　　　　　绘时光　编著

出 版 人：李玲玲	特约策划：梁　策
策划统筹：何正国　郝雅琴	责任编辑：黄　馨
责任校对：江　伟	责任印制：郭　玲
绘　　图：蘑菇	特约美编：孙晓南
封面设计：何　何	

出版发行：安徽少年儿童出版社　　E-mail：ahse1984@163.com
　　　　　新浪官方微博：http://weibo.com/ahsecbs
　　　　　（安徽省合肥市翡翠路1118号出版传媒广场　邮政编码：230071）
　　　　　出版部电话：（0551）63533536（办公室）　63533533（传真）
　　　　　（如发现印装质量问题，影响阅读，请与本社出版部联系调换）

印　　制：安徽联众印刷有限公司
开　　本：889 mm×1194 mm　　1/24　　印张：6.75　　字数：100 千字
版（印）次：2023 年 7 月第 1 版　　2023 年 7 月第 1 次印刷

ISBN 978-7-5707-1790-3　　　　　　　　　　　　　　　　　定价：32.80 元

版权所有，侵权必究

目录

骨肉亲情

伯俞泣杖	2
孟母三迁	4
让枣推梨	6
舐犊情深	8
乌鸟私情	10
煮豆燃萁	12

佳友损友

班荆道故	16
布衣之交	18
陈雷胶漆	20
杵臼之交	22
割席分坐	24
管鲍之交	26
沆瀣一气	28
患难之交	30

狼狈为奸 ················· 32

两肋插刀 ················· 34

契若金兰 ················· 36

推心置腹 ················· 38

刎颈之交 ················· 40

一见如故 ················· 42

一丘之貉 ················· 44

婚姻爱情

比翼双飞 ················· 48

覆水难收 ················· 50

剪烛西窗 ················· 52

金屋藏娇 ················· 54

举案齐眉 ················· 56

鸾凤和鸣 ················· 58

破镜重圆 ················· 60

秦晋之好 ················· 62

青梅竹马 ················· 64

卿卿我我 ················· 66

天作之合 ················· 68

相敬如宾 ················· 70

相濡以沫 ················· 72

信誓旦旦 …………………………………… 74

月下老人 …………………………………… 76

张敞画眉 …………………………………… 78

喜怒哀乐

抱璞泣血 …………………………………… 82

暴跳如雷 …………………………………… 84

不寒而栗 …………………………………… 86

椎心泣血 …………………………………… 88

大发雷霆 …………………………………… 90

大喜过望 …………………………………… 92

呆若木鸡 …………………………………… 94

得意忘形 …………………………………… 96

愤愤不平 …………………………………… 98

风声鹤唳 …………………………………… 100

肝肠寸断 …………………………………… 102

后顾之忧 …………………………………… 104

鸡飞狗跳 …………………………………… 106

噤若寒蝉 …………………………………… 108

惊弓之鸟 …………………………………… 110

乐不可支 …………………………………… 112

乐不思蜀 …………………………………… 114

乐极生悲 …………………………………… 116

乐以忘忧 …………………………………… 118

临危不惧 …………………………………… 120

目光如炬 …………………………………… 122

目眦尽裂 …………………………………… 124

怒发冲冠 …………………………………… 126

捧腹大笑 …………………………………… 128

杞人忧天 …………………………………… 130

如丧考妣 …………………………………… 132

如坐针毡 …………………………………… 134

谈虎色变 …………………………………… 136

痛心疾首 …………………………………… 138

兔死狐悲 …………………………………… 140

畏首畏尾 …………………………………… 142

闻风丧胆 …………………………………… 144

喜形于色 …………………………………… 146

心旷神怡 …………………………………… 148

忧心如焚 …………………………………… 150

惴惴不安 …………………………………… 152

自怨自艾 …………………………………… 154

骨肉亲情

伯俞泣杖
bó yú qì zhàng

释义 汉朝人韩伯俞受母责打，感念母亲力衰而哭泣。后用来形容子女孝顺。

从前有个叫韩伯俞的小孩儿，特别孝顺妈妈。但他妈妈特别严厉，他一犯错就会被妈妈打。

妈妈每次打他，他都会低头躬身，从来不反抗，也不哭闹。

有一次，妈妈打伯俞的时候，伯俞突然哭了。妈妈感到奇怪，以为是自己打重了。

伯俞却说妈妈打得不疼，正因为不疼，才觉得妈妈老了，体力衰退，担心妈妈会这样衰老下去……想到这里，他就心疼得哭了。

妈妈听到伯俞这么说，非常感动，一把抱住了伯俞。

孟母三迁
(mèng mǔ sān qiān)

> **释义** 常用以颂扬母教。

孟子的母亲特别重视对孟子的教育。她觉得教育与环境有很大的关系。一开始，他们居住的地方离墓地很近。孟母发现，孟子跟邻居小孩儿玩的都是办丧事的游戏。孟母觉得不好，决定搬家。

孟母把家搬到了集市边儿上。没多久，孟母发现孟子不是跟小朋友玩做生意的游戏，就是跑到屠户那里消遣时间。孟母觉得，这里的环境也不适合孟子学习。

这次，孟母把家搬到了一座学宫附近。孟子很快效仿起学者谦恭有礼的行为举止。孟母这下安心了，不再搬家。

孟子长大成人后，成为一代大儒。孟母的苦心没白费。

让枣推梨

释义 比喻兄弟友爱，也指幼小时便懂谦让之礼。

南朝梁有个叫王泰的人。小时候，他的祖母给一群小孩分枣子和栗子。孩子们一顿疯抢，乱成一团。只有王泰站在一旁，不争不抢。

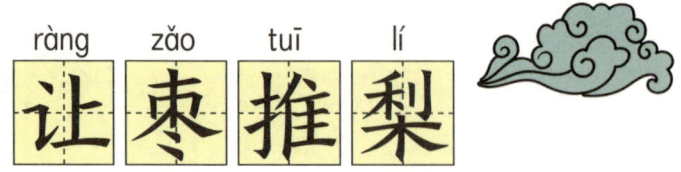

东汉末年的孔家有七个兄弟,孔融是老六。孔融四岁的时候,跟兄弟们一起吃梨。

他不挑大梨吃,总是拿最小的。大人问他原因,他说小孩应当吃小的。

舐犊情深
shì dú qíng shēn

释义 舐：用舌头舔；犊：小牛。用舌头舔小牛，以示爱抚。比喻人疼爱子女的深情。

三国时期，曹操有个手下叫杨修。他很聪明，经常能猜中曹操的想法；但他不太服管，这让曹操很不爽。

有一次行军打仗期间，曹操的部队驻扎在一个进退两难的地方。曹操的部将请曹操定个夜间的口令。曹操随口就说："鸡肋。"杨修一听，就吩咐自己的手下打点行装。

曹操早就对杨修不满。这次又见他猜中自己的心思,还擅自让士兵打点行装,动摇军心,曹操就势杀了杨修。

杨修死后,曹操看见杨修的老父亲瘦得厉害,便假惺惺地询问原因。杨修父亲回答说自己毕竟还有像老牛舔小牛一样的亲子之爱,委婉地表达了自己痛惜爱子被杀的心情。

乌鸟私情
wū niǎo sī qíng

释义 乌鸟：乌鸦。传说小乌鸦长大后，能衔食喂养老乌鸦。比喻奉养长辈的孝心。

乌鸦妈妈有了小宝宝。她每天都外出捉虫子喂她的小宝宝。

小乌鸦很快就长大了。他可以自由地飞翔和玩耍，可是乌鸦妈妈越来越老。

乌鸦妈妈的眼神儿越来越不好，体力也不行了。她没法再出去找食了。

小乌鸦叼来虫子和各种好吃的，像妈妈当年养育他一样，一口一口地喂给妈妈吃。

煮豆燃萁

zhǔ dòu rán qí

释义 萁：豆秸。烧豆秸煮豆子。比喻骨肉相残或内部互相迫害。

曹丕做了皇帝后，改国号为魏。他就是历史上的魏文帝。不过，他对曹操在世时更喜欢曹植这件事一直耿耿于怀。

一天，曹丕看见曹植，想起旧事，气不打一处来。他命令曹植七步之内作一首诗，否则就处死他。

曹植迈出了第一步,开始吟诵:

"煮豆持作羹,漉菽以为汁。萁在釜下燃,豆在釜中泣。本是同根生,相煎何太急?"

六句诗念完,正好走完七步。

诗中以烧豆萁煮豆子来比喻兄弟间互相残杀。曹丕听后感到非常愧疚,他抱住弟弟大哭一场,封他做了鄄城王。

佳友损友

班荆道故
bān jīng dào gù

释义 班：铺开；荆：黄荆，一种灌木；道：谈说；故：过去的事。用黄荆铺地，坐在上面说过去的事。指老朋友相逢，共叙旧情。

春秋时期，楚国人伍举的老丈人犯了事，伍举因受牵连，逃去郑国，打算从那里再逃往别处。

没想到在路上，他碰到了要去晋国办事的好友蔡声子。两个人在郑国郊外相遇，十分高兴，干脆就拔了些荆条铺在地上，就地而坐，聊起天来。

蔡声子听说伍举的事情以后,让伍举先去晋国躲避一阵,等自己回到楚国,定会帮伍举想办法,帮助伍举回来。

蔡声子果然没有食言。他回到楚国以后,劝说楚国的令尹子木不要错失了像伍举这样的人才。子木将这件事报告给楚康王,楚康王便下令恢复伍举的官职和名誉,把他接了回来。

布衣之交

bù yī zhī jiāo

释义 布衣：麻布衣服，借指平民。指贫贱时建立的友情或平民百姓之间的交往，也指地位高的人与地位低的人交往。

战国四大公子之一——著名的齐国公子孟尝君，碰到一件有损颜面的事儿：他的门客爱上了他的小妾。

但孟尝君非但没有追究这件事，反倒把这个人推荐到卫国去做事，还给他准备了车马、礼物。

孟尝君给他送行时说:"卫君与我的交情是在我们都没有权势的时候结下的。那时候,我们还都是穿着布衣的毛头小子。他会很好地对待你的。你到他那儿或许会碰到更好的发展机会。"

门客到了卫国后果然受到重用,他对孟尝君常怀感激之情。后来,在卫国和齐国交恶、卫君想要挑起战争的时候,这位门客挺身而出,成功地劝服卫君打消了这个念头。

陈雷胶漆

chén léi jiāo qī

释义 像胶和漆那样，粘住就分不开。形容感情深厚，亲密得难舍难分。

东汉年间，有一对好朋友，一个叫陈重，一个叫雷义。他俩年轻时在一起读书，互相欣赏，互相帮助。

陈重先得到了朝廷的重用，他却要把功名让给雷义；如果不成，自己宁愿不当这个官，直到雷义也被朝廷征召。

一天,雷义代人受罪,被免职。陈重就以生病为由,辞去官职,和雷义一同还乡。

两个人在人生的起起落落中,始终荣辱与共、肝胆相照。人们说他们的友谊像胶与漆一样坚固。

杵臼之交
chǔ jiù zhī jiāo

释义 杵臼：舂粮食用的木棒和石臼。指不嫌贫贱、不计身份而结交的好友。

东汉时，山东胶东有个穷书生叫公沙穆。他为了筹集学费，就隐去读书人的身份，穿着粗布衣服去陈留郡长官吴祐的家里做舂米工。

有一天，吴祐散步的时候，正好看见公沙穆在舂米。吴祐觉得公沙穆看上去有些与众不同，便和他聊了起来。

吴祐很快就发现这个舂米的人谈吐非凡,立即决定要和他成为朋友。

吴祐根本不在乎公沙穆地位低微,还主动资助他继续求学。公沙穆在吴祐的帮助下,成为一代名臣。

割席分坐
gē xí fēn zuò

释义 割席：古代的人席地而坐，用刀把席子割开，表示不愿同坐在一张席子上。比喻跟朋友绝交。

管宁和华歆生活在东汉末年至三国初期，是一对好朋友。有一天，他俩一起去园中锄菜。

突然，管宁刨到一块金子。他不为所动，继续锄菜。华歆看见金子，很高兴，把它捡了起来。但看到管宁的样子，他又把金子扔掉了。

钱乃身外之物！

管宁和华歆坐在一张席子上一起读书。有一天，门口忽然驶过一辆威风的车辇，里面还坐着一个穿着礼服的人。管宁依旧读书，华歆却立刻放下书跑出去看。

等华歆回来的时候，发现管宁割开了席子，和他分开坐了。

理智情感卷

管鲍之交
guǎn bào zhī jiāo

释义 春秋时，齐人管仲和鲍叔牙相知极深。泛指相知极深的情谊。

春秋时期，齐国有一对玩得特好的铁哥们，一个叫管仲，一个叫鲍叔牙。管仲家穷，为了给兄弟排忧解难，鲍叔牙经常领着管仲一起做生意。鲍叔牙出的本钱多，分红的时候却给管仲分得多；他说管仲出力多，理应得的多。

后来，他们同时参军，打仗时管仲总是贪生怕死。有人骂管仲是个懦夫，鲍叔牙却为他辩解，说管仲这样是因为家中还有老母亲等着他奉养。

再后来，两人都从政，分别辅佐公子小白和公子纠。鲍叔牙辅佐的公子小白最终成了齐桓公，他想任命鲍叔牙为齐国的相，鲍叔牙却极力推荐管仲。

管仲做了齐国的相之后，颁布了一系列行之有效的法令，使齐国国力大增，助齐桓公成为春秋第一霸主，充分证明了自己的才能。鲍叔牙与管仲的故事，便成了千古美谈。

理智情感卷

沆瀣一气
hàng xiè yī qì

释义 比喻臭味相投的人勾结在一起。

"沆瀣"是指夜间的水汽。《列仙传》里用"春食朝霞，夏食沆瀣"来表示仙人不食人间烟火。但后来这个词的意思发生改变。

唐僖宗时，有一个名叫崔沆的官员。有一年，他被任命为主考官，主持科举考试。

这一年应试的人中，有一个名叫崔瀣的考生十分优秀。崔沆对他的考卷十分满意，连声叫好。崔瀣科举及第后，便有人开玩笑说："座主门生，沆瀣一气。"意思是，他们师生二人像是夜间的水汽、雾露连在一起。

可是后来，崔瀣因很快得到很好的官职，遭到他人质疑。人们便用"沆瀣一气"暗指崔沆和崔瀣有私人关系。

渐渐地，"沆瀣一气"从一句玩笑话变成了一个贬义词。

理智情感卷

29

患难之交
huàn nàn zhī jiāo

释义 患难：困难和危险的处境；交：交情。指共同经历过困难和危险处境的朋友。

柳宗元与刘禹锡是唐代著名的诗人，两个人也是好朋友。他们是当时参与改革的干将，可惜改革失败了，他们一同被朝廷贬到偏远地区当小官。

十年后，两个人又一同被召回京城。刘禹锡为此写了一首诗，却惹恼了权贵，他再次被贬官外放，还连累了柳宗元。

柳宗元非但不怪他，反而向朝廷上表，请求跟刘禹锡互换外放的地点。柳宗元觉得刘禹锡要去的地方太远，而他的母亲八十多岁了，经不起这样的折腾。

我和刘禹锡换！

你说换就换啊？

柳宗元与刘禹锡几十年风风雨雨结伴同行，是共患难的交情。柳宗元死后，刘禹锡整理了他的诗稿，还抚养他的孩子。

柳宗元是与我志趣相投、同甘共苦的朋友！

狼狈为奸

láng bèi wéi jiān

释义 狼狈：传说狈是与狼同类的野兽，因前腿短，要趴在狼身上才能行动，狼和狈常一起出去伤害牲畜。比喻坏人互相勾结，一起干坏事。

狼和狈是一类动物。狼的前腿长，后腿短；狈则相反，前腿短，后腿长。

狼和狈搭伙出门。狼在前面走，狈把前腿搭在狼身上，跟在狼的后面。

合作共赢！

它们合伙去偷羊。羊圈又高又结实,无论是狼还是狈,单靠自己根本没法得手。狈让狼踩在自己的脖子上,然后蹬直长长的后腿直立起来,这样狼就可以用它那两条长长的前脚攀住羊圈,把羊叼走。

狼和狈合作祸害了农民好多的羊,这两个家伙成了人人喊打的坏蛋。

合作愉快!

理智情感卷

两肋插刀
liǎng lèi chā dāo

释义 肋：胸部的侧面。比喻做出重大牺牲。

隋朝末年，山东好汉秦叔宝在县衙当差。可是，当时朝廷昏庸，民不聊生，官府干的事儿有时候连强盗都不如。

> 唉……朝廷昏庸，民不聊生啊……

> 速度快点！不许偷懒！

秦叔宝很佩服劫富济贫的绿林好汉，于是结交了几个江湖朋友。一天，秦叔宝受命抓捕盗贼，却发现盗贼首领正是自己的朋友。

> 不好！我得赶快去通风报信！

秦叔宝先是给朋友们通风报信，又在抓捕的时候故意带着手下在两肋庄走岔道，让朋友们脱身。

秦叔宝讲义气救朋友的事迹，被说书人写成了故事。"两肋庄走岔道"，在大家的传扬中，变成了"两肋插刀"。

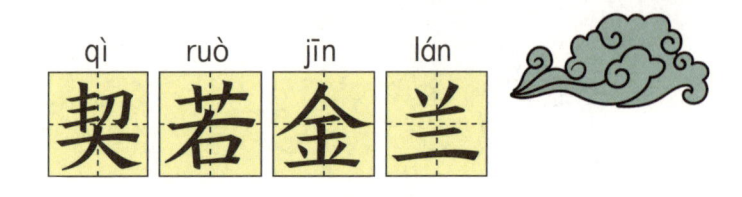

契若金兰
qì ruò jīn lán

释义 契：投合。比喻朋友间情意相投，真挚而深厚。

魏晋时期，山涛第一次见到嵇康、阮籍就喜欢得不得了。三个人无论是做事还是交流都十分合拍。

相见恨晚！

正所谓，合力做事，那力量足可折断坚硬的金属；彼此谈得来，说出的话如同山谷幽兰，散发着香气。

《周易》二人同心，其利断金；同心之言，其臭如兰。

老话说得好！

山涛的妻子觉得丈夫结交兄弟也太随意了，问道："难道这两个人就这么好吗？"山涛非常肯定地说："现在能当我的朋友的，非这两个人莫属。"

> 现在能当我的朋友的，非这两个人莫属。

> 你是不是过于随意了……

有一天，嵇康和阮籍来与山涛见面，山涛的妻子就准备了酒肉，请丈夫留他们过夜，让她可以观察一下这两个人。

> 多谢哥哥和嫂子的款待。

> 这两个人的才华、情趣胜过你呢。

> 我的眼光不错吧？哈哈哈！

第二天，妻子对山涛说，他们的才华、情趣胜过山涛，不过山涛的见识和气度不输给他们；他们确实是值得结交的人。山涛听了很开心。

推心置腹

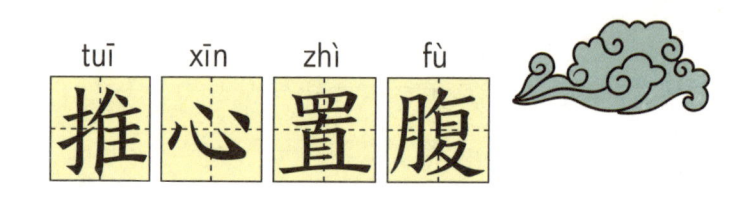

tuī xīn zhì fù

释义 把赤诚的心交给大家。比喻用自己的真诚之心对待别人。

汉光武帝刘秀可不是一般的帝王，他的江山是自己一路打下来的。当初，他起兵反对王莽，被更始帝刘玄封为萧王。他还收编过农民起义军。

这天下是我一路打下来的！

当时有一支叫作铜马军的农民起义军，被刘秀收编后，不相信刘秀会信任他们。

封你为列侯！

他怎么会这么轻易地信任我？

刘秀干脆让他们回到自己的军营管理队伍，而他自己也不带兵马，轻骑简从，来到铜马军的军营，帮他们操练军士。铜马军的将士们议论说："萧王把赤诚的心交给我们，我们怎能不为他效命呢？"

通过收编铜马军，刘秀的兵力由数万人扩充至数十万人。当时人称刘秀"铜马帝"。

刎颈之交
wěn jǐng zhī jiāo

释义 刎：用刀割脖子；交：交情，友谊。指交情深厚，可同生共死。

哥俩好！

杜伯

左儒

周宣王时期，有两个彼此要好的大臣，一个叫杜伯，一个叫左儒。

一次，杜伯触怒了周宣王，周宣王要将他推出去斩首。左儒立即上前劝谏。

大王对则听大王的，朋友对也得听朋友的。大王不对，我就得告诉大王。如果大王要杀杜伯，那就连我一块儿杀了吧！

周宣王认为，左儒为了朋友违抗君王的命令，是重视朋友而轻视君主。左儒没被周宣王吓到，继续劝谏周宣王。周宣王大怒，立即处死了杜伯，但就是不杀左儒。

本王心意已决，莫再多言！

左儒退朝回家，刎颈自尽。

不求同日生，但求同日死！

理智情感卷

一见如故
yī jiàn rú gù

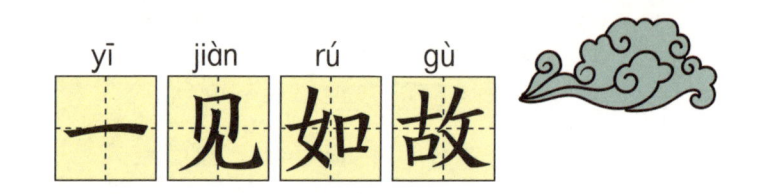

释义 故：老朋友。初次见面就像老朋友一样。形容双方感情相投。

隋朝末年，年轻的羽骑尉房玄龄看到皇帝穷奢极欲、残暴无常，天下群雄割据，感觉这个朝廷已经没有什么希望了。

> 大隋要完了！

众多争雄的义军首领中，房玄龄最看好李世民，于是他放弃了自己的官职，投奔了李世民。

> 跟着我干大事！

> 那小子有前途！

李世民对房玄龄早有耳闻,看到他来投奔,不禁心花怒放。两个人看到对方,感觉像见到了多年老友一般。

终于等到你!

爱上你,没道理!

从此,房玄龄跟随李世民走南闯北、征战杀伐,成为李世民的重要帮手。

多年后——

我是你的左膀右臂!

你是我的最强大脑!

一丘之貉
yī qiū zhī hé

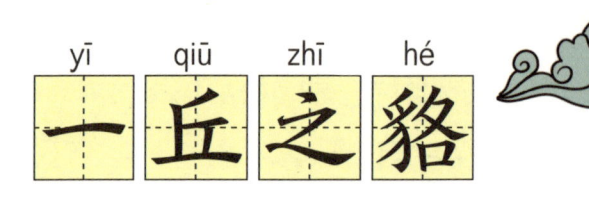

释义 丘：小山；貉：一种形似狐狸的野兽。指一座山上的貉。比喻彼此相同，没有差别。今多用于贬义，比喻都是一样的坏人。

听说我们出名了？

貉，一种像小狐狸的动物。本来没有多少人知道它们，因为一个比喻，它们一下子出了名。

话说，汉宣帝时，有个叫杨恽的人，他为人正直，敢说真话，不怕得罪皇帝。

正直

做官呢，最重要的就是正直。

有一次，杨恽听说匈奴的单于被属下杀了，他就评价了一番。

听说单于被人杀了！

这种不明是非的主子，早晚会身死亡国。每个朝代的君王都爱听谗言，就像同一座山丘里的貉一样，没什么差别。

这话传到了汉宣帝的耳朵里，汉宣帝被气得够呛。他觉得杨恽把自己和历代昏君比喻成住在同一座山丘里的貉，太不把自己放在眼里了，就下令革去了杨恽的官职。

你被开除了！

哼！不干就不干。

理智情感卷

45

婚姻爱情

比翼双飞
bǐ yì shuāng fēi

释义 比翼：翅膀紧挨着翅膀，这里指比翼鸟。比喻夫妻恩爱，形影不离。

《山海经》里记载了一种叫"蛮蛮"的奇怪小鸟。它看上去像野鸭子，长着青红色的羽毛，却只有一只翅膀、一只脚和一只眼睛。

崇吾山

这种奇特的小鸟生活在崇吾山。它们都是结对生活，飞行的时候，必须紧挨在一起才能飞起来。

不起眼的蛮蛮，因为两两结合，生活得十分幸福美满，并因此成为人们羡慕的对象。

好羡慕它们呀！

我俩在一起！ 永远不分离！

白居易在《长恨歌》里就唐明皇与杨贵妃的爱情写出"在天愿作比翼鸟"的诗句。

在天愿作比翼鸟，在地愿为连理枝。

覆水难收
fù shuǐ nán shōu

释义 倒在地上的水难以收回。比喻事成定局，无法挽回。

姜太公碰见周文王之前，是个普通人，一把年纪了，也没攒下家业。他的妻子有了离开他的心思。

> 什么时候去钓鱼呢……
> 不能一辈子跟着这个穷鬼！

有一天，因为一些小事，两个人拌了几句嘴，妻子就势收拾东西，离开了家。

> 我会有发达的那一天的！
> 谁信！

后来，姜子牙在渭水边遇见了后来的周文王姬昌，成为周朝的开国功臣。

你咋用直钩钓鱼？

佛系钓鱼，愿者上钩。

渭水

妻子看到姜子牙果然富贵起来，便前来求复合。姜子牙取了一盆水泼在地上，对妻子说："你我之间，就如同泼在地上的水难以收回一样，不可能再复合了！"

一日夫妻百日恩！

不可能了！

剪烛西窗
jiǎn zhú xī chuāng

释义 原指思念远方的妻子，渴望团聚。后泛指亲友灯下聚谈。

唐朝诗人李商隐很爱他的妻子。可是他被派到很远的巴蜀去做官。

"今日一别，不知何时才能再相见，你要常给我写信呀。"

"夫君千万要保重啊！"

这一天，天上下着雨，他接到妻子的来信，信上问他什么时候才能回家。李商隐拿着妻子的信，思绪万千。

"我也不知道何时才是归期啊。"

李商隐不禁想起他和妻子在家中西窗下共剪烛花的美好时光……

回忆总是那么美好……

可是,李商隐真的不知道何时才是归期,只能在回信里告诉妻子,巴山这里下着雨……

外面在下雨,心里也在下雨……

巴山这里下着雨……

金屋藏娇
jīn wū cáng jiāo

释义 金屋：金碧辉煌、华美的屋子。特别宠爱某一位美貌女子。也特指纳妾。

> 我能够实现逆袭，当上皇帝，多亏了丈母娘协助！

汉武帝刘彻一开始并不是太子。他能当上太子，多亏了他的丈母娘，也是他的姑姑长公主的帮助。

长公主本来想把自己的女儿阿娇许配给当时的太子刘荣，可是刘荣的母亲栗姬并不领情。

> 荣儿可是太子，阿娇也配嫁给荣儿？

> 哼！走着瞧！

刘彻当时才四岁，有一次去长公主那儿玩。长公主问他："你娶阿娇可好？"刘彻开心地答道："好！要是能娶到阿娇做妻子，我一定造一间金屋把她藏起来！"

长公主被刘彻的这句话打动了。后来，她不但努力促成了这桩婚事，还帮助刘彻当上了皇帝。

举案齐眉

释义 案：古代有脚的托盘，用以进呈食物。送饭时，把盛饭的托盘举得和眉一样高，以表示恭敬。后用以形容夫妻相敬如宾。

东汉时期有个大学问家叫梁鸿。很多人赏识他，想把女儿嫁给他，但是他都不答应。

> 我家女儿外貌出众，真的不考虑一下吗？

> 不好意思，我的婚姻我做主。

> 做我的女婿吧！

同县有个姓孟的姑娘，又胖又丑又黑，一身蛮力。她到了三十岁还不愿出嫁。父母问她为什么这样做。她说："我要嫁给像梁鸿那样贤能的人。"

> 我要嫁给像梁鸿那样贤能的人！

且让我试他一试！布衣草鞋先藏起来！

梁鸿听说后，就向她下了聘礼。这位孟姑娘让父母准备好布衣草鞋、纺织用具。出嫁时，她却把这些东西藏起来，自己则打扮得花枝招展，嫁去梁家。

我想要个朴实持家的妻子，不是要花大姐！

我也是这么想的。其实我只是在试探你……

婚后七天，梁鸿都不搭理她，直到孟姑娘问他原因，梁鸿才说出原委。

这正是我仰慕夫君的原因！

呜呜呜……我太感动了！

孟姑娘立即把自己的粗布衣裳换上，把自己为梁鸿做的饭菜放在托盘上，高高地举到和眉毛平齐的位置，以示恭敬。

理智情感卷

57

luán fèng hé míng
鸾凤和鸣

释义 鸾鸟、凤凰相互鸣叫应和。比喻婚姻美满，夫妻和谐。

战国时，一位陈国的公子逃到齐国避难。齐桓公想要封他做贵族，他却推辞不受，只肯做一个建筑宫庙陵寝的匠人。

要不要来我这里做官呀？待遇很不错的。

我只愿做一名匠人，为齐国添砖加瓦！

哇！好俊俏的娃呀！

这个人怎么奇奇怪怪的……

齐国的一位大夫懿仲看中了这位公子，想把女儿嫁给他。于是，他悄悄让妻子请人给两个年轻人算了一卦。

萌趣成语

58

卦上说：这两个年轻人要是结合，那就是凤与凰的结合。他们一唱一和，相亲相爱，一连五世都会繁荣兴盛……

懿仲听完，乐开了花。他立刻促成了这桩亲事，把女儿嫁给了这位公子。两个年轻人果然是夫妻恩爱、家庭和睦。整个家族儿孙满堂，兴旺发达。

破镜重圆
pò jìng chóng yuán

释义 比喻夫妻离散后又团聚或关系破裂后又和好。

"公主怎么是个爱哭鬼？"

隋朝开国大将军杨素灭陈国有功，隋文帝把亡国的陈国公主赏给他做小妾。可是，他开心不起来。因为公主虽美，却整天愁眉不展。

忽然有一天，杨素看见公主拿着一半的铜镜又哭又笑。杨素百般询问，公主才说了实话。

"咦，这是怎么回事？"

原来这面铜镜,一半在公主手中,一半在驸马的手中。亡国时,两人各执一半铜镜,约定日后凭铜镜相聚。后来他们凭铜镜知道了彼此的下落,却再难在一起了。

杨素终于明白公主愁眉不展的原因,他决定成全他们夫妻。他派人请来驸马,让他们夫妻团聚,成就了一段佳话。

秦晋之好
qín jìn zhī hǎo

释义 春秋时，秦、晋两国好几代互通婚姻。后人以此称两家联姻。

春秋时期，秦国和晋国是两个大国，关系时好时坏。晋献公把自己的大女儿嫁给了秦穆公，用婚姻巩固联盟，实现了强强联合。

后来，晋献公听信宠妃的谗言，杀了大儿子，要另立最小的儿子为太子。他的另外两个儿子夷吾和重耳逃去其他国家避难。后来，夷吾得到了姐夫秦穆公的帮助，成为晋惠公。

可是，晋惠公为了争霸，居然与秦国为敌。秦穆公很快打败了他，晋惠公把自己的太子送到秦国当人质。秦穆公把女儿嫁给太子，再次与晋国联姻。

> 你为何对我恩将仇报？

> 呜呜呜……我错了，再也不敢了。

可是这个太子抛弃了秦国公主，偷回晋国。秦穆公最后又帮助在外流亡的公子重耳做了晋国国君。重耳就是著名的晋文公，他同样娶了秦国的公主。

> 苦日子终于熬到头了！

> 秦晋之间虽然征战多年，但始终都有着婚姻的联系。秦晋之好就成了结为夫妇的代名词。

理智情感卷

青梅竹马
qīng méi zhú mǎ

释义 青梅：青的梅子；竹马：当马骑的竹竿。形容男女儿童天真活泼、无猜无忌、相与玩耍的情景。指天真、纯洁的感情长远深厚。

李白的《长干行》，讲了一个古代商人的妻子想念丈夫并回忆美好爱情的故事。

> 妾发初覆额，折花门前剧。
> 郎骑竹马来，绕床弄青梅。
> 同居长干里，两小无嫌猜。
> 十四为君妇，羞颜未尝开。
> 低头向暗壁，千唤不一回。
> 十五始展眉，愿同尘与灰。
> 常存抱柱信，岂上望夫台。
> 十六君远行，瞿塘滟滪堆。
> 五月不可触，猿声天上哀。
> 门前迟行迹，一一生绿苔。
> 苔深不能扫，落叶秋风早。
> 八月蝴蝶黄，双飞西园草。
> 感此伤妾心，坐愁红颜老。
> 早晚下三巴，预将书报家。
> 相迎不道远，直至长风沙。

送给你。

在妻子的回忆里，他们两个住在一条街上，从小就认识；很小的时候，就一起在门前折花玩儿。

再大一点儿,小男孩就骑着竹竿做的马,来找小女孩玩儿。

走!一起骑马!

两个小孩围着井栏,骑着竹马,互相扔青梅。

长大以后两个人成婚,妻子始终都留存着这样两小无猜、青梅竹马的美好爱情回忆。

理智情感卷

卿卿我我

qīng qīng wǒ wǒ

释义 形容夫妻或相爱的男女感情深厚，十分亲昵。

魏晋时期，竹林七贤之一王戎和妻子的感情很好。妻子常在招呼王戎的时候，称他为"卿"。这可是个十分亲昵的称呼。王戎觉得有些难为情。

卿……

我……

这个称呼太让人难为情了，该怎么跟夫人说呢……

王戎觉得妻子这么叫他不合礼数，就跟妻子商量，不要这样称呼自己。

妻子听了,有些不高兴,觉得她是出于对丈夫的爱才会如此称呼丈夫。

> 夫人,能否改改称呼?

> 什……什么?

王戎从此不再拒绝,毕竟只有爱自己的人,才会这样叫自己啊。

> 因为爱你,才叫你"卿",我不叫你"卿",谁叫你"卿"?

> 夫人请继续叫吧!

天作之合
tiān zuò zhī hé

释义 上天撮合成的姻缘，形容婚姻美满。

《诗经·大雅》中记载了周朝开国时的很多事情，其中，《大明》就记载了周文王姬昌娶商王帝乙的妹妹的事。

姬昌娶亲的时候，周还只是商朝的属国，能和商王结亲，是非常荣耀的事情；而且，这被认定是上天的旨意。

上天赐给我媳妇！

姬昌结婚前算了一卦，卦象显示大吉。在姬昌的心里，娶媳妇与商朝交好，是他人生的一大里程碑。他亲自到渭水河岸去迎接他的新娘。

相敬如宾
xiāng jìng rú bīn

释义 宾：宾客。夫妻相互尊敬，像对待宾客一样。

春秋时期，晋国大臣郤芮因罪被杀，其儿子郤缺虽然保住了性命，但被削为平民。

> 父亲放心，孩儿一定会发愤图强的！

郤缺没有因为家中变故就消极颓废。他一面踏踏实实地做农民，一面勤学苦读，以圣贤为榜样要求自己。

> 我要做最会读书的农民。

> 这是在练杂技吗？

晋国的一位大夫有次路过郤缺耕田的地方，正赶上午饭时间，郤缺的妻子来给丈夫送饭。两个人一个恭敬地送上饭菜，一个礼貌地接过来并道谢。

这位大夫被这对夫妻之间互相尊重又和睦的气氛深深打动。他立即走上前去，与郤缺聊起来。后来，经过这位大夫的举荐，郤缺再次登上朝堂，很快就为国立功，成为一代名臣。

相濡以沫

释义 鱼在缺水的地方用唾沫相互浸润。比喻在困境中以微薄的力量相互救助。

有两条鱼，它们十分要好，经常结伴在水中游来游去。

一年大旱，池水干涸了，两条鱼被搁浅在陆地上。

两条鱼挣扎着努力向对方吐湿气、喷水沫，希望用这样的方法来润湿对方，让对方可以活下去。

对此，庄子十分感慨。他认为：这种努力润湿对方的体贴与深情令人感动。接着，他又畅想了另一番情景：对于鱼儿而言，最理想的情况是，水终于漫上来，两条鱼也回到属于它们自己的天地，在更广阔的江河湖海中忘记对方，快乐而自由地生活。

理智情感卷

信誓旦旦
xìn shì dàn dàn

释义 信誓：真诚的誓言；旦旦：明白确实的样子。指誓言说得极为诚恳可信。

来自过来人的提醒！

情感课堂

《诗经》里有一首诗，讲了一个这样的故事：一个女子年轻时被丈夫热烈地追求，婚后却遭遇丈夫的背叛，最终与他决裂。

故事的开始，女子年轻貌美，男子笑嘻嘻地围着她转。

美丽的姑娘，我来给你送好吃的啦！

萌趣成语

74

他说着最甜蜜的话和最动人的誓言。他发誓的样子那么诚恳,让女子对他深信不疑。

> 我是这世上最爱你的人!我会爱你一万年!

> 啊,你是我的真命天子!

女子嫁给他后,每天操持家务,他却跑到外面花天酒地,对她不理不睬。

> 你还记得你说过爱我一万年吗?

> 我说过吗?

月下老人

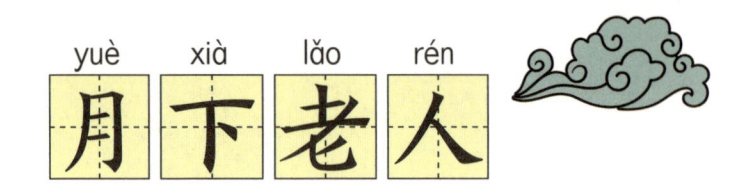

释义 传说中专管人间婚姻的神仙。后代指媒人。

您读的是什么书啊？我怎么没见过。

这是一本记载着天下人婚姻大事的书。

话说，唐朝的时候，有一个叫韦固的年轻书生。一天晚上，他经过宋城，碰见一位在月下靠着大布袋读书的老人。

韦固很好奇自己将来会拥有什么样的婚姻。老人也不隐瞒，说韦固将来会娶市场上一个卖菜的老妇人的女儿为妻，还特意带他去看。

你的丈母娘就在市场上卖菜！

蔬菜便宜啦！

萌趣成语

76

韦固一来嫌弃老妇人贫贱，二来觉得那个女娃娃才三岁，根本不可能成为他的妻子。但老人说，他的大口袋里装满了红绳，他早早就把红绳系在了男女双方的脚上，改不了。说完，老人就消失了。

> 那小孩怎么会是我媳妇？

> 你俩的脚脖子上早就系上了红绳。

说来奇怪，韦固的亲事一直不成，直到他三十多岁的时候，才娶上媳妇。新婚的时候，通过聊天，韦固得知媳妇竟然就是当年那位卖菜老妇人的女儿。

> 家母早年在市场上卖菜。

> 月老说得果然没错！

张敞画眉
zhāng chǎng huà méi

释义 张敞：字子高，汉宣帝时为京兆尹。比喻夫妻情笃。

张敞是汉宣帝时期非常有名的大臣，他为人正直，常常给皇帝提意见，也因此得罪了一些人。

> 张爱卿说得有理。
>
> 臣觉得……
>
> 呸！真能嘚瑟。

他做京兆尹的时候，京城里突然出现一个传言，说他给妻子画眉，而且眉毛的式样很是秀美，可知他是个画眉的老手。

> 听说张敞在家里给妻子画眉！
>
> 咦？他们是在议论我吗？
>
> 我要去报告皇上！

有人据此到汉宣帝的面前弹劾张敞举止不端。汉宣帝决定找张敞来问话。

张敞十分坦荡,他说画眉不过是夫妻感情深厚的表现,并不妨碍他人。汉宣帝觉得有理。张敞给夫人画眉的事就此成了一段佳话。

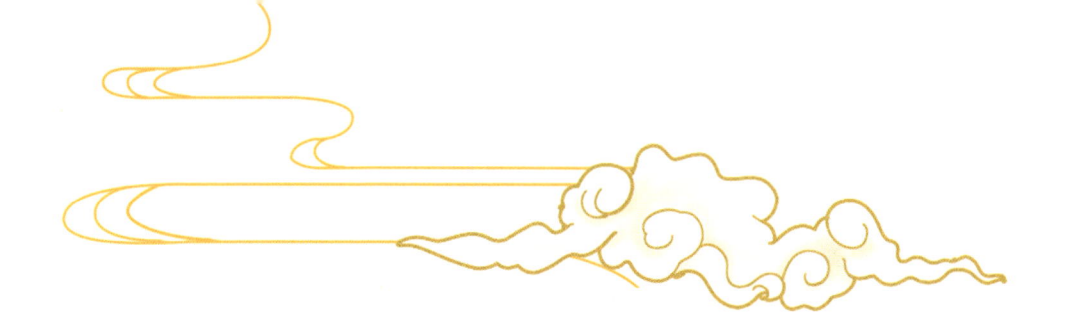

喜怒哀乐

抱璞泣血

释义 比喻怀才不遇，伤心悲痛。

稀世珍宝和氏璧的发现是一个悲伤的故事。楚国人卞和在深山中得到一块璞玉，可是当他将玉献给楚厉王时，楚厉王的玉工说这是石头。楚厉王生气地命人砍掉了卞和的左脚。

楚厉王死后，楚武王即位。卞和又把璞玉献给楚武王，结果玉工还是说这是块石头，楚武王生气地命人砍掉了卞和的右脚。

卞和又委屈又痛心，抱着璞玉坐在楚山下哭了三天三夜，眼睛都哭出了血。

呜呜呜……
委屈啊……

楚文王即位后，听说了卞和的事，特意找他来问话。卞和说自己难过不是因为受刑，而是因为美玉就这样被埋没，不被世人所识。楚文王命玉工好好地打磨这块"石头"，果然得到了一块价值连城的美玉。

果然是块美玉啊！

理智情感卷

暴跳如雷

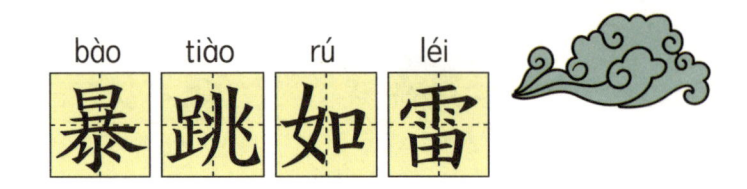

bào tiào rú léi

释义 愤怒得连跳带喊，像打雷一样猛烈。形容人大怒的样子。

汉代乐府诗《孔雀东南飞》讲了一个凄惨的爱情故事。一对相爱的夫妻被生生拆散，最后双双殉情。

你我在一起！

永远不分离！

故事中，焦仲卿娶了刘兰芝，两个人感情非常好。谁知道婆婆不喜欢刘兰芝，把刘兰芝赶回了娘家。

我不喜欢你媳妇！

我喜欢啊！

焦仲卿嘱咐刘兰芝在家等着自己去接她。可是刘兰芝知道哥哥脾气暴躁，他发起火来像打雷一样猛烈，她怕回家以后会被哥哥逼着改嫁。

一对相爱的人身不由己，最后只好双双赴死。这真是一个让人伤心的故事。

不寒而栗
bù hán ér lì

释义 栗：发抖。不寒冷却发抖。形容极为恐惧。

汉武帝时定襄治安混乱。义纵任定襄太守的时候，就将监狱中的二百多个重刑轻判的犯人判了死刑。

罪大恶极者，杀！

这些犯人的家属听说后，纷纷买通狱卒去探监。义纵知道了，又把二百多个探监的家属都判了死刑。

让我去探监吧，我有钱！

买通狱卒者，杀！

好说、好说！

行刑的那一天，处死了四百多人，在社会上引起了很大的轰动。住在这个地区的人都吓得战栗起来。

好可怕！

椎心泣血
chuí xīn qì xuè

释义 捶着胸脯，哭得眼中流血。形容极度悲痛。

汉武帝时的飞将军李广是让匈奴闻风丧胆的大英雄，没想到他的孙子李陵却战败被俘，投降匈奴。

苏武曾经给李陵写了一封信，劝他重回汉朝。李陵给他写了一封回信。信中说，他率领五千步兵独挡十万匈奴兵，将士们浴血杀敌，但怎奈孤军奋战，寡不敌众，又遭叛徒出卖，最终被俘。

他被俘后，也曾想寻找机会报效家国，没想到志向尚未实现，朝廷上下对他的怨责声四起；计划还没有实施，朝廷就已经杀了他无辜的老母和妻儿。这让他拍着胸口哭泣到眼睛出血！

李陵拒绝了苏武的邀请，再也没有回到汉朝。

回去？不可能，这辈子都不可能了！

大发雷霆

dà fā léi tíng

释义 雷霆：霹雳。比喻大发脾气，高声训斥。

> 东吴主公请您去做燕王。

> 我还是有些实力的！

三国鼎立时期，魏国的辽东太守公孙渊不好好地给魏国做臣子，动了歪心思，想要与东吴结盟。孙权觉得自己有了机会，不但立刻封公孙渊做燕王，而且派使节带着许多礼物，去送聘书。

没想到公孙渊是个两面三刀的家伙。他分析了一下局面和形势，又觉得吴国远而魏国近，害怕魏王找自己算账。但吴国送来这么多宝贝，退回去又舍不得……

> 背叛没有好果子吃，金银财宝我也要！

一不做二不休，公孙渊杀了吴使，侵吞了礼物，还把使节的首级献给了魏王，并得到了魏王的恩赐和封赏。

消息传回吴国，孙权气得大发脾气，愤怒的声音就像打雷一样。

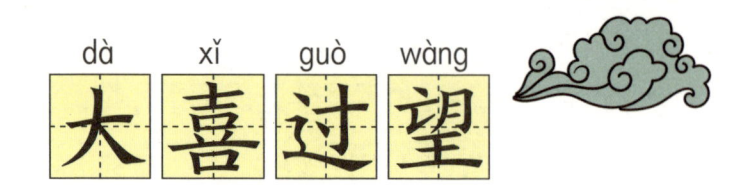

大喜过望
dà xǐ guò wàng

释义 过：超过；望：希望。结果比原来希望的还好，因而感到特别高兴。

楚汉相争的时候，英布本来是楚霸王项羽手下的将军，还一度被封为王，可是因为一次战斗失利，他被项羽革去了爵位，从此英布对项羽就不那么忠诚了。

这点事都做不好，我要革了你的爵位！

你不仁，休怪我不义！

刘邦的谋士趁此游说英布归附刘邦。英布去见刘邦的时候，刘邦正在洗脚，但还是立即召见了英布。英布是个粗人，不知道这是因为刘邦重视他。

哎呀，贵客呀！

真不尊重人！

英布觉得刘邦不尊重自己,又气又恨,十分后悔投奔刘邦。身旁的侍从追上他,带他来到刘邦为他备好的官舍。

我后悔啊!

英布一进门立刻咧嘴乐了。原来这里的布置和刘邦那里一样豪华,大大超过了英布的预期,可知刘邦是真心待他。

看来是我错怪刘邦了。

呆若木鸡
dāi ruò mù jī

释义 原指训练有素、以不变应万变的斗鸡，跟木雕的鸡一样。后泛指人因惊惧而发愣发呆的样子。

周宣王有个专门负责饲养斗鸡的官员，叫纪渻子。他负责饲养斗鸡后，不允许其他人进入训练斗鸡的地方。

非纪渻子，禁止入内。

周宣王派人去问斗鸡的训练情况，纪渻子回答说还需进一步训练。又过了十天，周宣王再派人问，纪渻子还是说不行。

大王问斗鸡训练得怎么样了。

它的内心还不够沉稳。

几十天过去了，纪渻子向周宣王报告说："这只斗鸡听到其他鸡叫，一点儿反应也没有，看起来就像用木头刻成的雕像一样。"

纪渻子认为，把这只斗鸡放到斗鸡场，其他斗鸡看它一眼，就会吓得逃跑。呆若木鸡才是斗鸡的最高境界。

得意忘形
(dé yì wàng xíng)

释义 本指因高兴而物我两忘，后形容高兴得失去常态。另外也指只取其神韵而不刻意求形似。

魏晋著名诗人阮籍及其六位好友，对执政的司马氏集团不满，经常在竹林中闲谈、作诗、狂饮、弹琴，被称为"竹林七贤"。

阮籍算是其中最疯癫的一个，特别是喝醉的时候。关于他，史书中这样描述："嗜酒能啸，善弹琴，当其得意，忽忘形骸。"

权倾朝野的司马昭打算和阮籍结为亲家。阮籍为了躲避这门亲事，一连六十天都喝得酩酊大醉。最终，司马昭无可奈何地说："那就算了，随他去吧！"

阮籍靠着自己不涉是非的处世之道，经历了朝代更迭，最终全身而退又美名远扬。

愤愤不平
fèn fèn bù píng

释义 愤愤：很生气的样子。因不公平的事而愤怒或不满。

汉武帝时期，有人诬陷太子刘据，说他用巫蛊的方式诅咒汉武帝，太子的反抗又被谣传是叛乱，汉武帝大怒。

群臣都战战兢兢不敢说话，只有一个老臣向汉武帝上书，分析了太子的处境和难处，劝说汉武帝不要听信谗言冤枉太子。

气死我了！

1. 太子想见您见不到，被困在一群乱臣贼子中间。

有爹不能见……

陛下，我来给您分析一下太子的处境。

2. 太子有苦说不出，心中愤怒。

3. 太子杀了贼子。

呜呜呜！

4. 太子又因为害怕您惩罚他而逃走。

汉武帝明白过来后，便下诏赦免了太子。可惜晚了一步——太子在逃亡的路上被逼无奈而自杀。汉武帝痛失太子，因而修建了思子宫和望思台用以悼念。

我后悔啊！

思子宫

理智情感卷

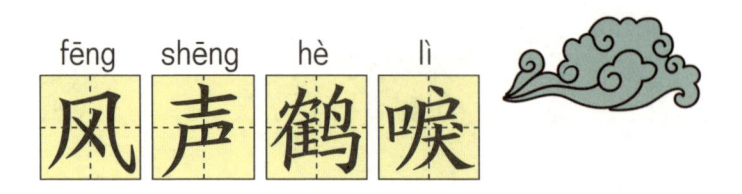

风声鹤唳
fēng shēng hè lì

释义 鹤唳：鹤叫。听到风声和鹤叫声，都怀疑是追兵。形容惊慌恐惧，自相惊扰。

西晋灭亡以后，东晋在南京建立政权。北方被前秦占领。前秦的皇帝苻坚有一统天下的野心。他率领九十万大军攻打东晋。

> 我有一个梦想——一统天下！

苻坚觉得自己胜券在握，但淝水之战中，他一败涂地，原因就在于他同意晋军渡过淝水。他本想让自己的军队假装后撤，让晋军渡河，趁晋军渡河渡到一半时，他再发起袭击。

> 等他们渡河渡到一半，我们就杀出去！

苻坚没想到，他这九十万大军都是一些无心恋战的散兵，一看前方撤退，便以为自家兵败，慌乱起来。晋朝的军队抓住这个机会，乘胜追击。前秦的军队士气全无，只顾逃命，听到风声和鹤的叫声都以为是追兵。

肝肠寸断
gān cháng cùn duàn

释义 形容人伤心到了极点。

东晋时期，将军桓温率领军队西征，去讨伐蜀地的成汉。

船行到三峡的时候，一个部将抓到一只小猿猴，将其放在船上玩。

抓只小猿猴玩儿！

谁知道小猿猴的妈妈一直沿着江岸悲哀地号叫，跟着船走了百多里地也不肯离开。

最终，小猿猴的妈妈奋力跳上了船，但也累死了。士卒们剖开小猿猴妈妈的肚子后发现，它的肠子是一寸一寸断开的。小猿猴的妈妈是极度伤心和劳累而死的啊。

桓温听说此事后大怒，下令将那名部将革职。

母爱真是伟大啊！肠子都断了……

理智情感卷

后顾之忧

hòu gù zhī yōu

释义 后顾：回头看；忧：忧虑，担心的事。来自后方的或未来的忧患。

北魏孝文帝有一个非常得力的帮手——李冲。他特别能干，在孝文帝推行改革时尽心竭力。

> 我是改革主力军！

> 李冲就是朕的左膀右臂！

每次孝文帝外出征战，李冲都会在后方把朝中的事情打点得井井有条，这让孝文帝十分满意。

> 皇上放心，一切尽在掌握之中！

> 李冲在朝，朕最放心！

没想到这个得力干将四十多岁便突发重病，没几天就撒手人寰。孝文帝为李冲的死伤心不已。

> 因为有李冲，朕在沙场冲锋陷阵时，从不担心后方出问题。如今他死了，朕依靠谁呢？

鸡飞狗跳
jī fēi gǒu tiào

释义 形容极端惊慌，鸡犬也不得安宁。

春秋时期，各国都乱得够呛。鲁国的国君基本上变成了傀儡，政权实际被季氏、孟氏和叔孙氏三个家族把持。

后来季家的势力越来越大，大到已经不把国君放在眼里。有一次，季平子和鲁昭公一起玩斗鸡。他因自己的鸡斗不过鲁昭公的鸡，竟唆使自己的狗去咬鲁昭公的鸡。

场面十分混乱，鸡被狗吓得飞了起来。鲁昭公立刻命人去打杀季平子的狗，狗吓得到处乱跳。

你家的狗看清鸡是谁家的了吗？

打狗还得看主人！

鲁昭公忍无可忍，出兵攻打季平子，结果打不过季家，反倒丢了国君的位子，逃去了齐国。

何处是我家……

噤若寒蝉

jìn ruò hán chán

释义 噤：闭口不作声。一声不响，像天冷时的蝉。形容人不敢开口说话。

东汉时期，有一个耿直的人，叫杜密。他在当太守的时候，为政清廉，执法严明，无论王子还是庶民，有罪必究。后来他被革职，回家后也是爱憎分明，热心参与家乡政事。

我就是这么敢怒敢言！

意见箱

当地有一位告老还乡的太守，叫刘胜。他可不像杜密——他回乡以后闭门谢客，对外界不闻不问。

我就想清净！

萌趣成语

108

当地在职的太守有次跟杜密说起刘胜，认为他是个清高的人。杜密却不赞同。他认为，刘胜对坏事不指责，看见贤士不推荐，只求保全自己，简直就是社会的罪人！

瑟瑟发抖——

他应该是个清高的人吧。

这种人就像冬天里的蝉一样，因害怕得罪人而一声不吭。

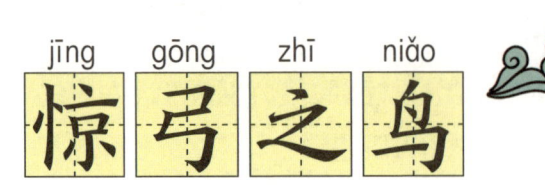

惊弓之鸟
jīng gōng zhī niǎo

释义 因曾受过箭伤，所以再听到弓弦声就惊慌的鸟。比喻受过一次伤害或惊吓，再遇到相似的情况仍像从前一样担惊受怕的人。

战国时，一个叫更羸的神箭手和魏王在高台之下谈论射箭的事。天上飞过来一只大雁。更羸对魏王说，自己只要虚拨弓弦，大雁就能从天上掉下来。魏王不信。

> 我不用箭射它，它就能掉下来！

> 吹牛！谁信啊！

更羸就朝飞鸟的方向拨动弓弦，大雁竟然真的从半空中落了下来。魏王惊讶极了。

> 神了！

更羸向魏王解释了其中的缘故：

1. 大雁飞得很慢，说明有伤；叫声凄厉，说明离群太久。

2. 伤痛未好，心里恐惧，听到箭弦之声便格外害怕。

3. 本想求生，但一使劲儿，旧伤发作，自然就从空中掉下来了。

理智情感卷

乐不可支
lè bù kě zhī

释义 支：支持，承受。形容快乐到极点。

东汉时有一个好官，名叫张堪。他是张衡的爷爷，被派到渔阳做太守。当地常常被匈奴骚扰，张堪带领军队多次击败匈奴的铁骑，成功地阻止了匈奴南犯。

没有了匈奴人捣乱,他把水稻引进当地种植,带领百姓开垦稻田。老百姓生活安定,又有好的收成,因此都很爱戴他。

要致富,勤耕种!

渔阳很快就流行开一首脍炙人口的民间小调,大家争相传唱。

桑无附枝,麦穗两岐。

张公为政,乐不可支。

乐不思蜀
lè bù sī shǔ

释义 蜀：三国时的蜀国。快乐到极点，以至于不再思念蜀国。比喻乐而忘返或乐而忘本。

三国时，刘备去世以后，他的儿子刘禅即位。诸葛亮尽心竭力地辅佐刘禅苦撑了几年，但诸葛亮一死，蜀国就被魏国所灭。

啊啊啊啊啊！我害怕！我投降！

刘禅被当时的魏王封为"安乐公"，还被召到当时的都城洛阳居住。相国司马昭宴请刘禅，故意安排刘禅看蜀国的歌舞。

去看歌舞不？

好呀好呀！走走走！

刘禅的随从们看到蜀国的歌舞，心里都十分难过，只有刘禅看得喜笑颜开。

乐极生悲 (lè jí shēng bēi)

释义 高兴得到了极点，就会招来悲哀。比喻物极必反。

战国时期，齐威王刚当上国君时，经常彻夜饮酒，不理朝政。

> 飞一般的感觉！

楚国认为有机可乘，便派大军进犯齐国。齐威王派淳于髡去赵国求救，赵国派兵支援，击退了楚军。

> 把这些都拿给赵国，就当是破财消灾了。

> 是……

齐威王很开心，设宴款待淳于髡。淳于髡说道："酒极则乱，乐极则悲，万事尽然。"

齐威王听出了淳于髡的劝诫之意，从此不再整晚饮酒，而是励精图治，使齐国成为当时的强国。

lè yǐ wàng yōu
乐以忘忧

释义 因快乐而忘记了忧愁。

春秋时期，孔子带领学生周游列国讲学，听说楚国叶邑的叶公沈诸梁善于治理地方，特意经过叶邑，前去拜会。

听说叶公是个善于治理的人才，去会会他！

叶公对孔子也是十分仰慕，但毕竟不太了解孔子，便在正式见面前，悄悄地向孔子的学生子路打听。子路不知道该如何向叶公介绍老师的为人。

夫子是怎样的人啊？

这个……

事后，子路回来跟孔子说起了叶公询问的事。孔子便教子路应该如何回答。

你应该这么说！

哎呀！又忘记吃饭了。

1. 发愤读书时就忘了吃饭。

2. 开心起来就忘了忧愁。

开心！

感觉有用不完的力气！

3. 浑身充满干劲儿，不知老，也不服老！

临危不惧
lín wēi bù jù

释义 临：遭遇，碰到；惧：畏惧。遇到危难，毫不畏惧。形容勇敢无畏。

孔子周游列国时遇到过一次危险。当时孔子一行路过一个叫匡的地方，被当地的百姓包围，不得脱身。

原来当地的百姓曾经被鲁国的大臣阳虎残酷迫害过，老百姓十分痛恨阳虎，而孔子与阳虎长得特别像，人们把孔子当成了阳虎。

弟子们都十分害怕，只有孔子在危险面前毫无惧色，还鼓琴唱歌。他对学生们说："在危难面前不感到恐惧，这是圣人才有的勇敢。"

匡人围了孔子五天，每天听着孔子的琴声与歌声，意识到他们认错了人，便自行解散了；还有人专门来到孔子面前道歉请罪，至此误会消除。

目光如炬

mù guāng rú jù

释义 眼光明亮，如同火把。形容眼光锐利逼人。

南朝时，宋国大将檀道济智勇双全，曾跟随宋武帝刘裕北伐，屡立战功，北魏军队都惧怕他三分。

出来受死吧！

他怎么又来了……

檀道济有谋逆之心！

哦？

宋文帝继位后，一些大臣嫉妒檀道济，便常在宋文帝耳旁吹风，说檀道济权力太大，有谋逆之心。

昏庸的宋文帝听信了谗言，下旨夺了檀道济的兵权，将他处斩。檀道济被害时，眼中满是愤恨，好像点燃的火把一般。

下辈子还是一条好汉！

檀道济被处死的消息传到北魏，北魏将领高兴地说："檀道济一死，南方就再没有我们可畏惧的人了！"

目眦尽裂
mù zì jìn liè

释义 眦：眼角。眼角都瞪裂了。形容异常愤怒的样子。

项羽为刘邦摆了一场鸿门宴，本来是想杀了刘邦。没想到，在项庄舞剑、打算对刘邦下手的时候，宴会上闯进来一个人。

只见他来势汹汹，头发根根竖立，怒目圆睁，眼角好像要瞪裂了一般。

项羽赐酒，樊哙一饮而尽。项羽又赐了一个大生猪腿，樊哙把盾牌一放，用剑切着就吃，边吃还边数落项羽。

我是不怕死的，但我家主公本是功臣，反而还要被除掉。谁这么干，谁就是不得人心！

项羽被樊哙一顿数落，落了下风。刘邦借口说自己要上厕所，叫上樊哙，趁机离开了鸿门宴。

拜拜了！

怒发冲冠
nù fà chōng guān

释义 冠：帽子。愤怒得头发直竖，把帽子都顶起来了。形容愤怒到了极点。

战国时，秦王听说赵王得了和氏璧，就派人去跟赵王说，秦国愿意用十五座城池来换和氏璧。迫于秦国的威势，赵王派蔺相如带着和氏璧出使秦国。

快给秦王拿过去吧，要不一会儿我该后悔了。

臣遵命……

大王，宝贝虽好，但有点儿小毛病，我得告诉您……

把和氏璧给他，让他指出来！

秦王拿到和氏璧，十分开心，反复欣赏，就是不提给城池的事儿。蔺相如心生一计。

蔺相如拿到和氏璧后,立刻后退了几步,靠近大殿上的一根柱子,愤怒地指责秦王不守承诺。秦王见蔺相如生气的样子十分吓人:头发因为愤怒而根根竖立,把头上的帽子都顶了起来。

大王,我与和氏璧共存亡!

且慢!

有话好好说!

秦王怕蔺相如一怒之下毁了宝贝,立刻服软。蔺相如敢和秦王生气,保全和氏璧和赵国的尊严,是个有勇有谋的人。

捧腹大笑
pěng fù dà xiào

释义 两手抱着肚子大声地笑。

咱俩去逛逛？

好呀！

西汉时，大学者贾谊和一个朝中的朋友约着出去玩。

他俩走进一个占卜的场馆，正赶上馆主在和几个弟子讲日月运转之道和阴阳吉凶之理。两人旁听了一会儿，就被馆主的见识和讲解折服。

这是一位高人！

贾谊和朋友都很纳闷馆主为什么做占卜这种地位十分低微的工作，觉得他干这行简直就是自降身价，太屈才了。馆主听完，竟然捂着肚子笑个不停。

先生怎么会甘于做占卜这行？

哈哈哈哈哈！

贾谊和朋友不知道他在笑什么。馆主说："你们站在朝堂上，却欺上瞒下、钩心斗角，就高贵了吗？"

你们站在朝堂上，却欺上瞒下、钩心斗角，就高贵了吗？

唉……惭愧至极！

戳心了！

杞人忧天
qǐ rén yōu tiān

释义 杞：周朝国名，在今河南杞县；忧：担心。一个杞国人老是怕天塌下来。指没有必要的担心。

从前，有个杞国人，担心天塌地陷，日月星辰会掉下来砸到他，因而茶饭不思，惶惶不可终日。

啊！

我来给你讲一讲。

他的朋友说，他的这种担心根本没必要。

1. 天就是气，气无处不在，你呼吸、行动都在气里，所以天塌不下来！

2. 日月星辰都是发光的东西，掉下来也伤不着你。

3. 地就是堆积的土块，四处已经被填满，怎么会塌陷？

吃嘛嘛香，我再也不担心了。

杞国人觉得朋友说得有道理，总算不再担心了。

如丧考妣
rú sàng kǎo bǐ

释义 丧：丧失；考：已死的父亲；妣：已死的母亲。像父母去世了那样伤心。形容极其悲痛。

孟子的学生蒙丘十分好学，有一次他问孟子："舜做天子后，先帝尧和他的父亲瞽叟向他朝拜，是不是不合礼法？"

> 老师，尧和舜的父亲向舜朝拜，这事对不对？

孟子立即回答："当然不合礼法，但是这种事压根就没有发生过。"

> 那是不可能的！

事实上，尧虽然让位给舜，但舜一直用对待君王的礼数对待尧。《尧典》上记载，尧去世的时候，百姓们像自己父母死去一样悲伤，舜还为尧守丧了三年呢。

人们如同对待自己父母去世一样哀悼尧，舜也一样。

如坐针毡

rú zuò zhēn zhān

释义 像坐在插着针的毡子上一样难受。形容心神不定，坐立不安。

晋惠帝的太子司马遹小时候聪明伶俐，但没想到长大以后并不好学，只喜欢玩。他还动不动就在东宫开个集市，让太监、宫女陪他一起做小买卖。

> 陪我一起做买卖！

> 太子肉铺

太子中书舍人杜锡为人耿直，经常规劝司马遹，这让司马遹很恼火。

> 太子殿下请注意言行！

> 要你管！

于是，司马遹想出了一个捉弄杜锡的主意。他吩咐下人把针插在杜锡常坐的毡垫上。屁股被扎出了血，杜锡还不知道是怎么一回事。

过了几天，司马遹故意问杜锡："之前是不是发生了什么事？"杜锡只能说自己喝醉了，不知道出了什么事。司马遹就是这样让忠臣坐立不安、心神难定。

tán hǔ sè biàn
谈虎色变

释义 色：脸色。被虎咬伤的人，一听谈到老虎就吓得脸色大变。现用以比喻一提到害怕的事就紧张起来。

北宋著名理学家程颢讲学的时候，喜欢用故事引发学生的兴趣。

今天的课从讲故事开始……

从前，有一个农夫，曾在被老虎伤害后侥幸逃脱。

嗷呜——

我差一点就被老虎吃了！

一天，大家在田间干完活，坐在田埂上侃大山，一个人讲到外面的见闻，说某处的老虎又咬伤了人。大家听了都很害怕，但那个农夫的反应最强烈，他的恐惧超过了所有人。

听说老虎又咬人啦！

太可怕了！

农夫真的被猛虎咬过，所以，他对老虎伤人的感受最强烈，也最深刻。

痛心疾首
tòng xīn jí shǒu

释义 形容伤心或痛恨到极点。

春秋时期,秦桓公约晋厉公一起去攻打小国白狄。

咱们是秦晋之好,要一起战斗啊!

我考虑考虑。

归顺秦国吧,我们一起去打晋国。

呵呵。

结果,秦国背着晋国,私自派人去白狄劝降,还跟白狄说,只要归顺秦国,就可以跟秦国一起对付晋国。没想到,白狄识破了秦国的伎俩,把这事透露给了晋国。

萌趣成语

晋厉公立刻派相国去秦国痛斥秦桓公唯利是图、背信弃义。晋国相国说："秦国的行为让人伤心、头疼，也让人痛恨。如果秦国能信守盟约，两国还可以保持友好往来；如果不能，那晋国就联合其他各国，和秦国大战一场。"

秦国的行为让人伤心、头疼，也让人痛恨！

我是大国，我怕谁！

一个月以后，两军大战，秦国大败。

做人还是不能太嚣张……

兔死狐悲
tù sǐ hú bēi

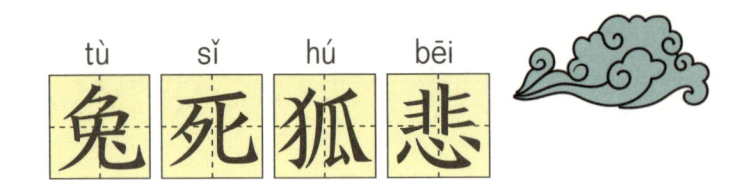

释义 原作"狐死兔泣"。比喻因同类的不幸而感到悲伤。

南宋时，金人入侵，各地出现了许多自发抗金的义军，其中一支山东义军声势浩大，其首领叫作李全。后来，这支义军在南宋朝廷的招安下，归附了朝廷。

> 为了抗金，做朝廷的军队！

可是，南宋朝廷并不是真心地接纳义军——金人来了，就用他们抗金；一旦金人退去，朝廷就想尽办法瓦解和打压义军。

> 抗金时才用你！

李全的妻子杨妙真看清了南宋朝廷的嘴脸。在朝廷不怀好意地派另一支义军的队伍来剿灭他们的时候，杨妙真派人对这支队伍的首领说："你不也是从山东率众归附朝廷的吗？打个比方，狐狸死了，兔子悲伤哭泣；如果我们灭亡了，难道你能独立存在？"

没有什么是一顿饭解决不了的；如果有，那就两顿！

狐狸是真难过啊，因为兔子死了，狐狸也离死不远了。

我懂了！

此后，杨妙真又设宴款待对方，宾主尽欢。

畏首畏尾

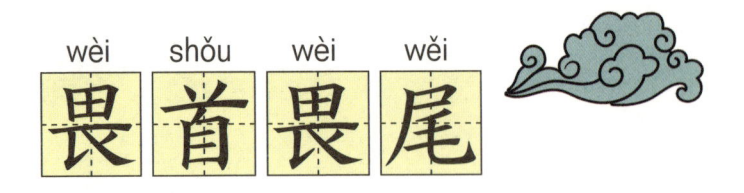

释义 畏：怕。前也怕，后也怕。形容顾虑重重。

春秋时期，南方的楚国和北方的晋国是两大强国。郑国正好夹在楚、晋两国中间，两边讨好，左右为难。

> 一面是楚国，一面是晋国，我敢得罪谁啊？

> 郑穆公送信来了。

> 我看看。

晋灵公则对郑穆公有意见，认为郑国既服从晋国又投靠楚国。郑穆公得知后，就派人送了一封信给晋灵公。

萌趣成语

郑穆公在信里写道：畏首畏尾，身其余几？晋国要是逼得我们走投无路，我们只好投靠楚国。

还是我们最惨！头也怕，尾也怕，身体还剩下什么呢？

晋灵公读完信后，怕郑国会投靠楚国，便决定与郑国和谈。

这种情况，我看还是以和为贵吧。

闻风丧胆
wén fēng sàng dǎn

释义 风：风声，消息；丧胆：吓破胆。听到一点风声，就吓破了胆。形容恐惧到了极点。

张仲武是唐朝的著名将军，在平定边疆和地方叛乱方面屡立战功。他多次和回鹘交手，大败回鹘军队，还担任了东面招抚回鹘使。

宰相李德裕亲自撰写委任书，他这样评价张仲武：

我有办法了！

1. 他能根据表象推测实际情况，并找到制服敌人的办法。

2.敌人只要听到他杀敌的风声，胆子就先吓破了！

张仲武在接受委任的第二年，就带领唐军大败回鹘，杀敌万人，收降敌人两万多人。被打败的回鹘首领受伤逃走。回鹘再也没有与唐朝抗衡的能力。

喜形于色
xǐ xíng yú sè

释义 形：表现；色：脸色。喜悦表现在脸上。形容抑制不住内心的喜悦。

魏国大臣高允活到了九十八岁。他一辈子耿直忠厚，为政清廉，是有名的五朝元老，每任皇帝都很敬重他。

> 五朝元老就是我！

在高允晚年的时候，皇帝派自己的乐队每五天去他家演奏一次，让这个忠心耿耿的老臣开心。

高允最后一次生病时，太医向皇帝汇报了高允的病情，皇帝知道他将不久于人世。

皇上，高大人……就这两天的事儿……

知道了……

皇帝为此每天都派人送去各种珍馐美味和珍贵物品。高允看见皇帝源源不断地送来赏赐，开心地跟大家说，这两天可以请客了。几天后，高允就寿终正寝了。

老爷，皇上又送珍馐来了。

这是皇上恩典！

xīn kuàng shén yí心旷神怡

释义 旷：开朗，开阔；怡：愉快。心境开阔，精神愉快。

北宋政治家和文学家范仲淹为人正直，得罪了不少人，因此屡遭贬谪，但他并不当回事。

又被降职！我习惯了。

范仲淹因处理西夏事件得当，被召回朝中，又升了职；但他推行改革，损害了守旧官员的利益，又被贬为地方官。

范仲淹的好友岳州太守滕宗谅请他为当地的岳阳楼写篇文章,范仲淹便写下了千古流传的《岳阳楼记》。其中有句名句:"登斯楼也,则有心旷神怡,宠辱偕忘,把酒临风,其喜洋洋者矣。"

范仲淹以其"先天下之忧而忧,后天下之乐而乐"的豁达胸襟和高风亮节,为后人所敬仰。

忧心如焚
yōu xīn rú fén

释义 焚：烧。心里愁得火烧火燎的。形容忧虑焦急，烦躁不安。

周幽王是历史上有名的昏君，可是朝中也有不少直言进谏的大臣。有一位叫家父的臣子就曾经用写诗的方式，向周幽王进谏。

"我就当昏君，你能把我怎么样？"

他进谏的内容指向了周幽王重用的两位大臣，说他们不能秉公办事、勤政爱民，导致百姓不能安居乐业，怨声载道。

"臣有诗进献！"

"读来我听！"

"这不是说我俩不作为嘛！"

而他在看到这种混乱的局面时，感到自己的心就好像在被火烧一般，特别焦灼。

昏君周幽王却一点儿也没听进去，这导致西周离灭亡不远了。

惴惴不安 zhuì zhuì bù ān

释义 形容心中既担心又害怕，很不安定。

据记载，秦穆公死后，有一百七十七人被迫殉葬。

"跟我一起去另一个世界！"

在殉葬的人中，有三位善良、勇武且功勋卓著的大臣。

"君要臣死！"

"不敢不死！"

"不死不行！"

《诗经》中有一篇名为《黄鸟》的诗就是专门写这三位殉葬的大臣的。这首诗描述了人们因看到良臣殉葬的惨状而感到恐惧不安，同时充满悲愤之情。

自怨自艾
zì yuàn zì yì

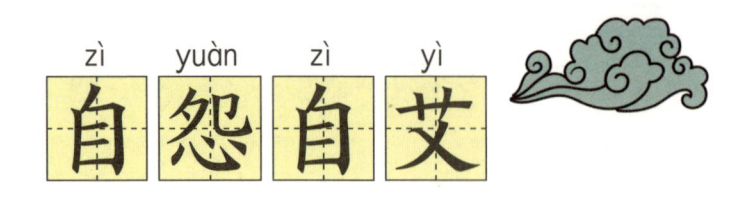

释义 原指自己怨恨自己的错误，并加以改正。后指有悔恨之意。

> 我想退休，却不能够！

伊尹是商朝的开国功臣，他帮助商汤灭了夏朝。商汤去世后，伊尹又辅佐了两位商王，可惜这两位商王都很短命。在辅佐新的商王太甲时，伊尹有些失望。

太甲年轻，却昏庸暴虐，破坏了商汤建立的法制。伊尹屡次规劝，他都不听。于是，伊尹在商汤的墓地旁建了一座宫殿，把太甲送到先王墓旁反省。

> 我冷！

> 你需要反省！

伊尹还让太甲仔细研读自己为他写的三本书——《伊训》《肆命》和《徂后》，他想通过这种方式，让太甲迷途知返。

我要发愤图强，好好治理国家。

太甲通过学习和反省，终于悔过自新，改正了错误。伊尹将太甲迎回宫中，让他重新管理国家，太甲由此成为一代明君。

我已认识到错误，并及时改正！

大王，我终于可以退休了。